Lb 49/911

CONSIDÉRATIONS

SUR

LA DETTE PUBLIQUE

DE FRANCE.

IMPRIMERIE DE J. TASTU,
RUE DE VAUGIRARD, N. 36.

CONSIDÉRATIONS

SUR

LA DETTE PUBLIQUE

DE FRANCE,

SUR L'EMPRUNT EN GÉNÉRAL ET SUR L'AMORTISSEMENT.

PAR

M. LE DUC DE GAËTE.

PARIS

CHEZ LES MARCHANDS DE NOUVEAUTÉS.

*

1828

CONSIDÉRATIONS

LA DETTE PUBLIQUE

DE FRANCE.

Tout ce qui s'est passé, depuis 1824, relativement à notre dette publique, nous a déjà
conduits si loin *du système de crédit* qui avait
été fondé par la loi du 25 mars 1817, qu'il
peut n'être pas sans intérêt pour l'histoire,
comme pour la direction ultérieure de cette
partie importante de nos finances, de le re-
tracer dans sa simplicité primitive et de cons
tater les altérations notables qu'il a subies,
dans ces derniers temps, ainsi que les effets
que l'on peut en attendre.

Ce système avait pris naissance dans la commission consultative créée, en 1816, par le Roi, pour proposer ses vues sur les moyens de satisfaire aux engagemens énormes que la France avait été forcée de contracter envers les étrangers, à la suite de l'invasion de 1815. Cette commission , dont j'avais l'honneur d'être membre, après s'être livrée à un examen approfondi des diverses branches du revenu public, reconnut bientôt que, dans la situation déplorable du pays , il serait impossible de demander à l'impôt, déjà porté jusqu'à sa dernière limite, les secours extraordinaires dont le besoin était si pressant ; que par conséquent la voie des emprunts devenait le seul moyen de salut. Elle jugea en même temps que ce serait vainement que l'on se déterminerait à y recourir, si l'on n'avait préalablement établi un système *de crédit* capable d'appeler la confiance et de rassurer l'intérêt le plus exigeant sur l'exécution des engagemens que nous aurions contractés. Ses regards se portèrent naturellement vers le procédé qui, dès son origine, avait produit de si grands effets en Angleterre , et auquel les capitalistes de tous les pays étaient depuis long-temps accoutumés. Elle espéra que ces habitudes pourraient, malgré les difficultés de notre position, nous être favorables pour des opérations beaucoup plus étendues que celle qui avait été autorisée par la dernière loi du budget. Elle proposa en conséquence la négociation, en 1817, d'une rente de 5 fr., jusqu'à concurrence de 3o millions de rente, aux meilleures conditions qu'il serait possible d'obtenir; en assignant, *sur un excédant de revenu*, d'une rentrée certaine, le paiement de ces rentes, ainsi qu'un fonds annuel d'amortissement, de 4o millions, qui devrait s'accroître du montant de celles qui auraient été rachetées, chaque année, et du produit extraordinaire de la vente de 15o mille hectares de bois de l'Etat.

Cette combinaison, sans être précisément celle des premiers emprunts anglais, puisqu'elle ne donnait *aucun capital* à la rente négociée, lui parut remplir les conditions principales d'un véritable système de crédit: celles, d'une part, de tendre à opérer la baisse progressive du *taux général de l'intérét de l'argent*, par *l'élévation probable du cours de la rente ;* de l'autre , d'assurer , dans un temps quelconque , au moins pour la plus grande partie des rentes concédées , une extinction que l'expérience ne permettrait d'espérer d'aucune autre manière.

Elle pensa que l'avantage inappréciable pour tous les genres d'industrie et pour le gouvernement lui-même , de la diminution du prix de l'argent , par l'effet de la faveur qu'obtiendrait la rente , compenserait le double inconvénient de retarder , par le taux plus élevé des rachats , les effets de l'amortissement , si l'on ne voulait pas en augmenter les moyens , et d'en accroître nécessairement la dépense.

On était loin d'imaginer alors qu'il pût convenir d'en *limiter l'action;* c'eût été tomber dans une contradiction dont le *crédit* se fût , avec raison , alarmé , que d'assigner à l'amortissement le but d'*éteindre* la dette ; et d'admettre en même temps qu'il pût cesser d'agir avant que l'extinction pour laquelle il était créé , eût été complètement opérée. On promit au contraire aux prêteurs , pour leur assurer le moyen d'obtenir , quand ils le jugeraient à propos , la rentrée de leurs avances , *au*

cours de la place, qu'ils y trouveraient toujours *un acheteur;* et cet acheteur *obligé* jusqu'à concurrence du montant de sa dotation ,
était *la caisse d'amortissement.*

Il est vrai aussi que l'on n'était pas moins
éloigné de prévoir que le cours d'une rente
de 5 fr., livrée en 1817, pour 58 fr., dût s'élever , en peu d'années, à 100 fr. et au-delà ,
malgré l'affaiblissement dont la France sem-
blait devoir se ressentir long-temps et malgré
l'inconvénient attaché aux rentes *constituées*,
en général , de n'offrir qu'un revenu *fixe* au
milieu de l'élévation progressive du prix des
denrées [1].

---

[1] Les opérations faites , à cette époque désastreuse, ont été,
tout récemment encore, l'objet d'une critique sévère. En
indiquant ce qu'il eût mieux valu faire, on semble oublier
que, dans les grandes nécessités, ce ne sont pas ordinaire-
ment *les prêteurs* qui reçoivent la loi ; que *l'emprunteur* est
au contraire forcé de se soumettre à leurs convenances et à
leurs habitudes, surtout lorsque les besoins à satisfaire sont
immenses , et les nôtres s'élevaient à près de 1,500 millions !...

Si l'on considère que, par l'effet du système adopté en
1817, dans la position la plus désespérante , 700 millions ont
été payés , avec la plus ponctuelle exactitude , aux étrangers

Ce résultat inespéré, qui aurait pu être considéré comme un bienfait, fut tout-à-coup présenté, en 1824, comme une calamité à laquelle il ne pouvait être porté un trop prompt remède. Le principe fondamental du système établi en 1817, sans avoir été contesté, fut méconnu : on parut oublier aussi le service immense qu'il avait rendu, dans des temps bien difficiles ; et une loi fut proposée qui, en le dénaturant, dans ses bases principales, autorisait le remboursement de la dette *par un capital égal à vingt fois la rente concédée*, ou la réduction de cette même rente *de 5 à 4 fr.* On appelait cela *réduire l'intérêt de nos emprunts à 4 pour cent ;* cependant ces emprunts n'avaient pas été contractés, ainsi qu'il se pratiquait, avant la révolution, en stipulant *un intérêt* quelconque pour *un capital déterminé* : nous avions simple-

dont il importait si fort de délivrer notre territoire, indépendamment *des frais d'occupation* qui doublèrent ce tribut, au milieu de l'amélioration successive du crédit, et sans que les contribuables en aient éprouvé de surcharge ; peut-être devra-t-on regretter moins des sacrifices que le succès obtenu, lorsqu'il était si nécessaire, et le rétablissement de la confiance n'ont pas laissés sans compensation.

ment *vendu une rente de 5 fr. aux enchères ;*
et il est bon de remarquer que la loi du 25 mars
1817 ne parle que de 30 millions *de rente,*
ou 6 *millions de rentes de 5 fr.* qui furent effectivement la matière de la négociation [1].

Je consens néanmoins, pour ne pas me
rendre trop difficile, à ce que l'on ait pu, à la
rigueur, se fonder sur ce que les nouvelles
rentes se trouvaient inscrites au grand-livre
sous la dénomination *de 5 pour cent,* pour établir que *leur pair* était 100 fr. ; mais était-on
autorisé à en tirer la conséquence qu'elles pus-
sent être remboursées *sur ce pied*, lorsque la
loi avait positivement déterminé comment elles
devraient s'éteindre ?

[1] Sous le gouvernement directorial, la dette publique
avait reçu la dénomination de *tiers consolidé*, après que les
deux autres tiers eurent, en l'an VI, été rayés du grand-
livre. Le gouvernement consulaire y substitua celle de *cinq
pour cent consolidés,* dans la vue de faire disparaître une
trace *nuisible au retour de la confiance*, de l'infidélité qui
avait été commise avant lui ; mais je puis attester que celui
qui fit cette proposition n'eut pas la pensée de donner à la
dette *un capital* avec lequel elle n'aurait pas eu effectivement
plus de rapport, que n'en ont eu, depuis, nos derniers emprunts.

J'ai bien entendu répondre que la *raison* et le *bon sens* ne pouvaient admettre une opinion contraire ; mais la *politesse* de cette objection n'a pas suffi pour me convaincre que le *bon sens* pût autoriser un acte qui serait opposé à la lettre et à l'esprit de la loi.

Pouvait-on d'ailleurs attribuer son silence , sur la faculté *du remboursement direct*, à une omission de ses auteurs, lorsqu'il n'a évidemment pu être que le résultat de la conviction où ils étaient que le but de *l'extinction réelle de la dette*, à une époque quelconque , ne pourrait être atteint par la voie d'un *remboursement* que le gouvernement ne serait jamais en état de rendre *définitif?*

On a invoqué en 1824, en faveur *du droit de remboursement*, le *droit commun*, d'après lequel le débiteur est toujours le maître de se libérer ; mais, de bonne foi, n'était-ce pas abuser des mots que de présenter comme *une véritable libération*, le remboursement d'un emprunt, *par un autre*, fait à des conditions meilleures ? L'unique résultat d'une telle opération n'est - il pas de diminuer la dépense annuelle du *service de la rente*, sans que l'Etat fasse, sous le rapport *du capital* qui reste le même, autre chose que *changer de créancier?* Ce qui ne peut assurément, pas plus en Angleterre qu'en France, être considéré comme une application réelle du principe consacré par le *droit commun :* aussi les prétendus remboursemens que la première a pu faire, n'ont-ils pu empêcher que les capitaux qui en avaient été l'objet, de même que ceux des rentes dont la réduction avait été consentie par les créanciers, figurent encore aujourd'hui dans les 20 milliards auxquels l'abus qu'elle a fait d'un système, dont l'usage devait être réglé par la sagesse, lui a permis d'élever successivement sa dette.

C'est aussi pour être devenue infidèle au principe de ce système, qui veut que le paiement de la rente, de même que l'amortissement soient fondés *sur un excédant de revenu,* qu'elle a rendu sa libération désormais impossible.

Je n'avais pas craint d'énoncer ces opinions dans plusieurs des comptes de l'administration des finances, publiés à des époques où le système anglais était dans la plus haute faveur, en France; et je ne crois pas avoir fait preuve d'une grande sagacité en prévoyant dès-lors les résultats que les faits rendaient infaillibles et que tout le monde avoue aujourd'hui.

Il est certain qu'un gouvernement ne pourrait *libérer effectivement* l'Etat par un remboursement direct, tel que celui qui avait été proposé, en 1824, qu'autant qu'il agirait avec des fonds qui lui appartiendraient, et dont il n'aurait aucun emploi plus utile à faire. Eh! quand peut-il arriver qu'il se trouve dans la position d'éteindre ainsi une dette de plusieurs milliards, si ce n'est lorsque des circonstances extraordinaires viennent à mettre à sa disposition une masse de propriétés disponibles dont la vente puisse lui en offrir les moyens! Nous avons appris, par une triste expérience, à quelles conditions un Etat peut se trouver dans une telle situation; et il n'est certainement personne qui ne préférât l'éternité de la dette au retour de semblables circonstances, si elles pouvaient se renouveler.

L'amortissement remplit, dans la proportion

de ses moyens, le même office qui le serait par un capital égal au montant entier de la dette, si le gouvernement pouvait jamais l'avoir à sa disposition. Son action graduelle et progressive opère *l'extinction définitive* des portions de capital qu'elle atteint successivement, parce que les fonds dont il dispose *appartiennent à l'Etat* qui effectue un *véritable remboursement;* car l'amortissement n'est pas autre chose; et c'est ainsi qu'il satisfait, *par un mode spécial*, à la faculté réservée à tout débiteur par le *droit commun.*

On attribue au système d'un *amortissement illimité* l'effet de *grever l'avenir*, même le plus éloigné. C'est lui donner le tort qui appartient réellement à l'emprunt abandonné à lui-même. La preuve en est que nous payons encore aujourd'hui ce que des infidélités (pour ne pas me servir d'une expression plus dure), qui ne pouvaient se justifier que très-incomplètement *par l'intérét des contribuables*, nous ont laissé des dettes de plusieurs règnes, qui se confondent avec les nôtres.

L'amortissement, au contraire, a pour objet et pour effet, d'atténuer, autant que possible, ce tort de l'emprunt, par la réduction progressive de la dette, au moyen des sacrifices plus grands, imposés à la génération présente.

C'est ainsi qu'avant que l'on eût arrêté son action sur la rente de 5 fr., il s'était déjà emparé, en moins de dix années, de 37 millions de rente, dont le capital représentant, au denier 20, une somme de 740 millions, est éteint au profit de l'avenir, ainsi que la rente elle-même devenue la propriété de l'Etat.

Mais nous retomberons inévitablement dans l'inconvénient dont il devait prévenir le retour, et la génération présente transmettra *tout entière* la partie principale de sa dette actuelle (quelques métamorphoses que l'on parvienne à lui faire subir) aux générations futures, si les nouvelles idées proclamées, depuis trois ans, sur l'amortissement, finissent par prévaloir. En effet, au point où la rente de 5 fr. est parvenue; si son cours venait à descendre un moment au-dessous de 100, l'action de l'amortissement à laquelle elle reprendrait alors tous ses droits, l'aurait bientôt reportée à celui qui devrait l'en priver. Il n'y aurait donc qu'un *discrédit prononcé et soutenu* qui pût rendre à l'amortissement la faculté de remplir *continûment* son office.

Mais il serait trop pénible de prévoir des événemens capables d'exercer une semblable influence sur nos fonds publics ; ils devraient balancer d'une manière trop fàcheuse, l'avantage d'une libération plus prompte et moins dispendieuse, pour que le bienfait pût s'en faire encore sentir. Rien heureusement n'autorise aujourd'hui une semblable inquiétude. Il est donc permis de croire que le peu de probabilité d'un remboursement, dont on a vu que les propriétaires de la rente de 5 fr. ne se sont pas effrayés, la maintiendra, au moins, au cours qu'elle a obtenu depuis assez long-temps ; que l'action de l'amortissement à son égard, sera ainsi indéfiniment suspendue, et que par une conséquence nécessaire, elle est destinée à n'avoir point de terme, tant que le nouveau système restera en vigueur.

Cette perspective ne s'appuie pas sur des théories dont les hypothèses sont toujours susceptibles de controverse, mais bien sur *des faits* qui, lorsqu'ils sont observés avec bonne foi, ne trompent jamais la prévoyance.

Il n'y a point d'exemple que, dans aucun temps, en France, les emprunts publics se soient *définitivement* éteints *par un remboursement effectif.* Donc notre dette actuelle ne s'éteindra jamais par un procédé dont nous n'aurions aucun moyen d'assurer l'effet, à la même époque, pour tous les créanciers, comme le voudrait tout au moins le *droit commun* dans notre position particulière. L'amortissement, qui, tel qu'il a été créé, doit *s'attacher à la rente* et ne cesser d'agir sur ce qui s'en présente sur le marché, jusqu'à ce qu'il l'ait complètement absorbée, peut seul opérer, dans la situation où nous sommes, la *libération réelle* de l'Etat : mais il faut se résigner avec courage aux exigences de ce système, ou renoncer au résultat qu'il doit assurer, s'il est bien compris et fidèlement exécuté [1].

----

[1] L'habile rapporteur de la commission chargée de rendre compte à la Chambre des pairs du projet de loi concernant un emprunt de 80 millions, a consacré de nouveau cette doctrine dans son rapport, où il s'exprime ainsi relativement au fonds d'amortissement : « La somme de 800,000 francs,

J'ai entendu quelques personnes avancer que rien ne serait plus facile au gouvernement que de se procurer, à l'aide des *bons royaux*, qui ne lui coûteraient que trois et demi ou même trois pour cent d'intérêt, les fonds nécessaires pour rembourser les créanciers *placés dans une série désignée*, qui ne voudraient pas consentir à la réduction de leur rente. Elles pensaient que la présence de ces moyens les déterminerait, pour la plupart, à prendre ce dernier parti, pour ne pas s'exposer à ne pas trouver un autre emploi plus avantageux de leur capital [1].

» qui paraît d'abord ne se placer à côté de l'emprunt de » 80 millions que dans le rapport d'*un à cent*, s'accroîtra » encore, chaque année, de toutes les rentes qu'elle aura » progressivement rachetées, dans le même fonds, *jusqu'à* » *ce qu'elle ait ressaisi et absorbé la totalité des 80 millions.* » En d'autres termes, jusqu'à ce qu'elle ait éteint la masse de rentes par laquelle ces 80 millions se trouveront représentés ; ce qui exclut l'idée que l'amortissement puisse *cesser d'agir*, par quelque cause que ce puisse être, avant que l'extinction des rentes qui auront été concédées aux prêteurs soit *complètement* réalisée.

[1] Le crédit dont jouit aujourd'hui le Trésor peut tromper quelques esprits. De ce qu'il place facilement ses bons à 3 et

Je ne conteste point la possibilité d'obtenir un tel résultat; mais il est clair qu'il n'aurait d'autre effet réel que celui de convertir en une nouvelle dette *exigible* la partie de notre dette *constituée* dont le remboursement serait accepté par les créanciers, et de réduire seulement la charge du paiement de la rente, pour la partie dont le remboursement ne serait pas préféré. Dans l'un et l'autre cas, *le capital* dû par l'Etat resterait toujours le même; avec

demi ou 3 pour 100, et qu'il n'en a pas pour tous ceux qui en demandent, on croit pouvoir inférer que l'intérêt de l'argent n'est plus que de 3 à 3 et demi pour 100; mais cette conclusion manque d'exactitude.

Il est bien vrai que la stagnation momentanée des affaires laisse oisive une masse considérable de fonds pour lesquels on recherche avec empressement un genre d'emploi qui offre tout à la fois l'avantage de procurer un intérêt pour des capitaux qui ne trouveraient à s'employer d'aucune autre manière, et la facilité d'en obtenir la rentrée, par la négociation, au moment où l'on en aurait la volonté.

Mais dès qu'un état de choses qui ne peut, très-heureusement, être durable, viendra à changer, on verra bientôt les bons royaux s'élever à un taux plus en rapport avec celui réel de l'intérêt de l'argent, en conservant toutefois encore la faveur qu'ils doivent, en grande partie, au bon état et surtout à la bonne administration de nos finances.

cette différence notable que le gouvernement retomberait, pour la partie qu'il aurait remboursée, dans les inconvéniens qu'il avait éprouvés, autrefois, des emprunts *à terme* qui, après lui avoir causé des embarras, finissaient toujours par se *consolider*, faute de moyens de rembourser, à l'époque des échéances, et nous en étions encore là, lorsque la révolution est arrivée. Nous nous trouverions par conséquent, en définitive, n'avoir changé notre position que pour l'empirer, en nous exposant à de nouveaux scandales, s'il arrivait, plus tard, que des circonstances extraordinaires déterminassent les capitalistes devenus propriétaires de la nouvelle dette *flottante* à réclamer la prompte restitution de leurs avances, au moment où le trésor serait le moins en état de satisfaire à leurs demandes, comme on l'a vu dans tous les temps.

N'aurait-on pas à regretter alors le système qui devait prévenir un inconvénient aussi grave, en affranchissant l'Etat des exigences d'un remboursement *obligé* ?

Après avoir démontré, du moins, je le pense, l'impossibilité, *de fait*, d'obtenir *une*

2

véritable libération par un remboursement direct de la dette constituée, je dirai un mot sur
l'alternative qui serait laissée aux créanciers
de se soumettre à la réduction de leur rente.

Je suis intimement persuadé que la *fixité*
de la rente, jusqu'à son entière extinction, dans
la forme convenue par le contrat, est autant
dans l'intérêt de l'Etat dont elle consolide le
crédit, que conforme aux convenances à l'é-
gard de créanciers qu'il serait tout au moins
bien rigoureux de condamner à subir une nouvelle détérioration d'un genre de revenu que
le temps doit déjà altérer sans cesse, par l'effet
de l'accroissement du prix des denrées que l'a-
bondance des capitaux favorise.

Du moins, cet effet du temps porte seulement
le rentier à réduire *graduellement* ses dépenses, sans qu'il se rende compte de la cause
qui l'y oblige ; trompé qu'il est par la quotité
nominale d'un revenu qui lui paraît rester toujours le même ; tandis que sa réduction *subite*
occasionerait, dans l'existence de beaucoup
de familles, un bouleversement qui ne pourrait qu'y exciter de graves mécontentemens,
en leur faisant éprouver des privations pé-

nibles pour toutes et insupportables pour ui.
grand nombre.

Pourquoi nous donnerions-nous un semblable tort , lorsque nous avons tout à gagne:
à nous montrer humains et justes ?

Il me semble en effet que ce serait ne voir
qu'un côté de la question, que de ne faire con-
sister l'intérêt de l'Etat, qui ne peut se séparei
de celui des contribuables, dont le calcul doi.
s'étendre à tous les temps, que dans une économie à obtenir sur sa dépense annuelle pour le
aiement de la rente. Il est bien autrement in-
téressé à se libérer définitivement de la dettc
elle-même et à asseoir, par la fidélité à ses engagemens , son crédit sur une base désormais
inébranlable. C'est ainsi qu'il peut , tout en faisant une chose utile au *présent*, préparer pour
l'avenir un dédommagement des charges plus
fortes que le premier pourrait lui léguer, par
la diminution de celles que des besoins nouveaux devraient lui imposer, un jour , lorsque
la confiance aurait jeté de profondes racines,
et que la rente sur l'Etat aurait pris , depuis
long-temps, dans l'opinion, toute la consis-
tance *d'un immeuble* , jouissant du privilége

singulier de pouvoir être, à chaque instant , converti en *numéraire*, à un prix avantageux , suivant les convenances ou les besoins de ses propriétaires.

Les réflexions que je viens de faire sur les inconvéniens qui résulteraient d'une réduction subite de la rente, recevraient leur application à la conversion d'une portion de l'amortissement, en un fonds de *remboursement* affecté à celui d'une fraction quelconque du fond de 5 fr. de rente, dont les propriétaires seraient divisés par séries, auxquelles le sort assignerait les époques de remboursement, *à défaut de consentement à la réduction de leur rente*. Ce procédé, qui pourrait éprouver, dans son exécution, des difficultés qui n'auraient pas été prévues, offrirait, du moins, l'avantage d'opérer, pour les rentes *dont la réduction ne serait pas préférée*, la libération réelle et définitive de l'Etat, comme il l'obtient par l'action ordinaire de l'amortissement; mais indépendamment, de ce qu'il laisserait toujours subsister *le capital des rentes dont la réduction serait consentie*, il introduirait dans la condition de créanciers, qui ont tous un droit *égal*, des inégalités qui ne peuvent être avouées par la justice dont on ne blesse jamais impunément les lois, lorsqu'il ne s'agit pas de l'une de *ces grandes nécessités* qui commandent aux lois elles-mêmes. Or une économie quelconque sur la dépense du service de la rente de 5 fr. pourrait-elle être considérée comme une de ces grandes nécessités qui dût nous absoudre de l'oubli de nos engagemens ? Et s'il est vrai qu'un tel exemple fût peu propre à tranquilliser, pour l'avenir, ne pourrait-il pas arriver que, dans de nouveaux besoins, les contribuables payassent, un jour, bien cher l'épargne que l'on aurait voulu leur procurer !

Il y aurait, à mon sens, une erreur grave à ne considérer que comme une simple affaire de *chiffres*, une question qui doit se résoudre par un principe de morale propre aux gouvernemens comme aux particuliers ; *la foi due aux engagemens contractés.* C'est là le véritable élément de la confiance qui paie toujours avec usure les sacrifices qui lui offrent les garanties dont elle a besoin. C'est par ce principe, qu'en 1816, la commission consultative du budget avait mis à la tête des moyens *de crédit*, *le paiement intégral* des créances de tout l'arriéré antérieur au 1ᵉʳ avril de la même année, qui était estimé à 759 millions et dont la loi du 28 avril avait laissé le sort incertain. Cette détermination, conforme aux règles de l'éternelle justice, dût concourir au succès des opérations de cette époque.

Mais, pourra-t-on dire, elles promettaient de tels profits aux prêteurs !...

Ce n'est pas, du moins, ainsi qu'en auguraient les membres de la Chambre qui s'opposèrent au système *des emprunts avec amortissement*. L'on peut voir, dans la discussion à laquelle il donna lieu, qu'il fût au contraire combattu dans la persuasion que les divers emprunts que nous avions à faire ne pourraient que déprécier, de plus en plus, nos fonds publics, et qu'ainsi l'Etat serait entraîné rapidement à sa ruine. Certes, ce ne fut pas par de semblables prévisions que les prêteurs purent être encouragés; cependant loin qu'elles se soient réalisées, les résultats contraires ont fini par dépasser toutes les espérances; et si l'on se reporte aux circonstances dans lesquelles la loi du 25 mars 1817 fut rendue, il faudra bien reconnaître que ce succès n'a pu être que l'effet de la sécurité que l'ensemble des mesures adoptées avait généralement inspirée ; mais ce succès même auquel les contribuables durent alors leur salut, a paru, depuis, n'exciter que des regrets, et c'est en leur nom qu'on les a exprimés. Assurément leur intérêt ne peut m'être personnellement étranger, puisque je partage, comme tout autre, les charges qu'ils supportent ; mais je crois sincèrement le servir en défendant les maximes sur lesquelles le crédit public se fonde.

Que l'on fasse toutes les modifications qui seront jugées convenables au système de la loi de 1817, pour les nouvelles opérations que les besoins de l'Etat pourraient nécessiter ! Rien de mieux : ce sera aux prêteurs à apprécier les nouvelles conditions qui leur seront proposées, et ils pourront du moins s'y confier d'autant mieux, qu'ils auront vu les engagemens antérieurs plus religieusement exécutés ; car l'homme préfère généralement *le certain* à tout autre avantage.

Que *le passé*, donc, soit respecté, puisqu'il est le seul garant de *l'avenir!*... Et que l'on ne craigne point que, dans notre position actuelle, les contribuables puissent en éprouver de dommage! La loi du 28 avril 1816, qui a fondé l'amortissement, porte, en elle-même, le remède à l'excès des charges qu'il aurait pu occasioner, un jour, en autorisant le gouvernement à proposer l'annulation des rentes rachetées par la caisse, lorsqu'il le jugerait convenable. C'est dans l'exercice, sagement réglé, de cette faculté qui est naturellement entrée dans les conditions de nos derniers emprunts, que l'on trouverait, lorsqu'on le croirait absolument nécessaire, un moyen d'alléger le fardeau des charges publiques, sans que la confiance en fût altérée ; et non dans les combinaisons de remboursemens *partiels*, *non prévus par le contrat*, qui changeraient de la manière la plus fâcheuse, la situation de nos créanciers; ou dans la réduction de la valeur *nominale* d'une rente qui, je le répète, s'altère déjà inévitablement par le temps.

Du reste, pour fixer son opinion sur les effets que pourrait produire, *sous le rapport de l'intérét des contribuables*, une réduction d'un 5ᵉ sur les rentes dites *cinq pour cent*, dont le produit serait employé à un dégrèvement de la contribution foncière, il faut d'abord considérer que beaucoup de rentiers sont en même temps propriétaires de biens-fonds.

Voyons quels seraient les résultats de l'opération à leur égard.

La réduction des rentes, en déduisant les dotations qu'il serait sans intérêt d'y soumettre, pourrait produire environ 24 millions. La contribution foncière s'élevant à peu près à 240 millions, 24 millions en seraient la dixième partie.

Les propriétaires fonciers inscrits au grand livre gagneraient donc un 10ᵉ sur leur cotisation à l'impôt foncier, réputée être du 5ᵉ de leur revenu, et perdraient un 5ᵉ sur leurs rentes.

Ainsi un propriétaire jouissant, par exemple, d'un revenu de 1,000 francs *en rente* et de 1000 francs *en immeuble*, perdrait 200 francs sur sa rente et gagnerait seulement 20 francs sur la taxe de 200 francs à laquelle il est soumis, à raison du 5ᵉ de son revenu foncier. Il perdrait par conséquent, en définitive, 180 francs sur

son revenu total, loin qu'il fît le bénéfice auquel il avait dû s'attendre.

Si la réduction devait s'étendre aux rentes
données aux communes pour le prix de celles
de leurs propriétés qui ont été vendues au
profit de l'Etat; une commune jouissant d'un
revenu de 1000 francs *en rente* et de 1000 francs
provenant des biens-fonds qu'elle aurait con-
servés et pour lesquels elle serait imposée à
200 francs, gagnerait aussi 20 francs sur sa
contribution et perdrait 200 francs sur sa rente;
perte définitive : 180 francs qu'il faudrait
qu'elle remplaçât par une augmentation de
centimes additionnels *supérieure des* 9 dixièmes
à la diminution de sa taxe actuelle; ce qui
porterait sa perte réelle à 360 francs.

Elle serait ainsi encore plus maltraitée que
le rentier particulier qui n'aurait du moins
que des privations à s'imposer.

Et si l'on porte ses regards sur les contribuables *individuellement étrangers au grand-
livre*, on sait que, sur dix millions quatre cent
mille taxes, environ, dont les rôles de la contribution foncière sont composés, près de 8
millions sont *de* 20 *francs et au-dessous :* sup-

posant le taux moyen à 10 francs, la part de chacune de ces taxes dans le dégrèvement de 24 millions serait de *un franc*, et cet allégement se compenserait, au moins en partie, avec les nouveaux centimes additionnels qu'il faudrait imposer pour remplacer la perte que la comune aurait éprouvée sur sa rente.

Je ne présente ces calculs (que la probabilité du maintien, dans le cas prévu, des rentes *des communes* à leur taux actuel, pourra faire considérer comme inutiles) que dans la vue principale de donner une idée de l'importance à mettre, en général, *dans l'intérét du plus grand nombre des contribuables*, à des dégrèvemens qui, après avoir privé le trésor d'une ressource importante, se résoudraient en fractions insignifiantes pour *l'immense majorité* de ceux qui devraient en profiter, et que notre système électoral rendrait d'ailleurs peu favorables. Il est certain que l'impôt foncier pèse bien plus par *les vices* de sa répartition (qu'un bon cadastre aurait fait disparaître), que par l'élévation des taxes. Il semble donc que la situation de l'universalité des contribuables ne pourrait être réellement améliorée que par des modifications sagement combinées dans le tarif des droits d'enregistrement qui frappent *sur les capitaux* que l'impôt doit, en principe, atteindre le moins possible. Ces modifications seraient seules réellement profitables à la propriété foncière. L'avantage en serait partagé par la propriété mobilière qui, comme la première, est soumise, dans beaucoup de cas, à de grands sacrifices; et l'on ne peut douter que le gouvernement ne s'occupe de cet important objet, dès que les circonstances pourront le lui permettre. On a déjà commencé à entrer dans cette voie par la dernière loi des finances.

On me pardonnera cette digression qui se rattache indirectement à mon sujet.

Revenant *à la réduction de la rente*, on pourrait opposer aux calculs que j'ai présentés, qu'il ne s'agirait pas de faire tourner le produit de cette réduction au profit des contribuables, *en diminuant leur contribution;* mais seulement en leur épargnant, comme toute autre économie sur les dépenses du Trésor pourrait en fournir le moyen, *une augmentation d'impôt* pour de nouveaux besoins.

Je demanderais alors comment il pourrait paraître juste de mettre exclusivement à la charge d'une classe de la société (celle des rentiers) une nécessité publique qui devrait, comme toutes les autres, être supportée indistinctement par tous les membres de la grande famille.

On m'objecterait ici, avec plus d'avantage, que je raisonne dans l'hypothèse d'une réduction *forcée* de la rente ; tandis qu'elle ne devrait avoir lieu que pour ceux à qui il ne conviendrait pas d'en accepter le remboursement.

Cette objection me paraît sans réplique , si l'on admet *la légalité* du remboursement *provisoire*, et les moyens d'en réaliser l'offre ou la menace. Je dis du remboursement *provisoire ;* car je crois avoir démontré l'impossibilité d'obtenir, par ce procédé, une libération *définitive* de l'ensemble de la dette, par une opération générale et simultanée (comme il faudrait tout au moins qu'elle le fût pour échapper à de nouveaux reproches); à moins de circonstances que nous ne sommes heureusement pas destinés à revoir.

Quant à des remboursemens *partiels* qui devraient s'effectuer avec *le fonds d'amortissement*, dont on changerait la destination actuelle, et qui opéreraient réellement l'extinction des capitaux, dont le remboursement serait préféré; on a vu qu'ils présenteraient, du moins dans mon opinion, tous les inconvéniens que l'abus de la force entraine toujours après lui.

Le rejet, par la Chambre des pairs, de la loi *de remboursement* ou *de réduction de la rente de 5 francs*, laissa subsister les choses au même état où celle de 1817 les avait mises. La caisse d'amortissement continua de suivre sa marche accoutumée, et le cours de la rente s'était approché de 100 francs, lorsque l'année 1825 vit éclore un projet nouveau dont l'adoption devait porter, au système existant, un coup mortel.

L'intention de faciliter un acte de haute politique destiné à réconcilier, autant que possible, deux intérêts qui s'étaient, depuis long-temps, combattus, fit naître l'idée d'introduire dans notre dette des fonds à *divers intérêts ;* toujours à l'exemple de l'Angleterre considérée, encore, par habitude , comme la terre classique du crédit.

La loi nouvelle soumise à la délibération des Chambres créait des rentes à quatre et demi ; d'autres à trois pour cent *avec augmentation du capital*. Elle donnait aux créanciers actuels la faculté de convertir leurs rentes dans l'un de ces fonds. La rente de trois pour cent devait leur être livrée *au cours de 75* qui représenterait, pour eux, un intérêt de quatre pour cent. Il était, en même temps, prescrit à la caisse d'amortissement de n'agir désormais que sur les fonds qui se trouveraient *au pair* ou *au dessous ;* et les rentes à trois pour cent qu'elle rachèterait successivement devaient être annulées.

Le système existant se trouva ainsi complètement renversé par l'admission de la nouvelle loi proposée, et la caisse d'amortissement dont les opérations avaient été, jusque-là, réglées, avec une précision presqu'arithmétique , *par des dispositions législatives* , fut laissée *sans direction* pour la manière dont elle devrait agir sur les fonds divers, tant qu'ils n'auraient pas dépassé *le pair* ; malgré la demande que la commission de surveillance de cet établissement avait faite *d'une règle positive* à cet égard.

Les partisans de fonds à *intéréts différens* appuyaient leur opinion sur l'avantage de se prêter aux fantaisies des spéculateurs.

Cette opinion avait pu se défendre dans un pays où, par l'effet de sa position particulière, beaucoup de capitaux se sont toujours dirigés vers des spéculations plus ou moins aventureuses ; où la diversité des chances plaît d'autant plus aux imaginations, et qui, d'ailleurs, accoutumé, depuis long-temps, *à vivre d'emprunts*, avait toujours eu intérêt à flatter tous les goûts.

Mais telle n'est pas la situation de la France dont la puissance repose essentiellement sur la fertilité d'un vaste territoire et sur l'industrie active d'une population nombreuse, qui lui assurent les moyens de subvenir à toutes les dépenses de son service ordinaire. Ce ne peut jamais être que pour des besoins *extraordinaires* et *momentanés*, qu'elle se trouve dans la nécessité de recourir aux emprunts, et l'on ne peut nier qu'elle n'offre, soit par l'évidence de ses ressources, soit par la forme de son gouvernement , aux capitalistes nationaux et étrangers, toutes les garanties désirables. Aussi n'a-t-elle pas eu besoin du prestige *des combinaisons variées* pour déterminer leur confiance, à une époque à laquelle sa position était pourtant si différente de ce qu'elle est aujourd'hui.

Il n'y a donc, sous ce rapport, comme sous beaucoup d'autres , aucune comparaison à établir entre l'Angleterre et la France.

On a voulu faire, dans d'autres temps, de ce qu'on appelle le *crédit*, un être abstrait, doué de la puissance de produire de l'or par des procédés ignorés du vulgaire, et connus seulement d'un petit nombre d'adeptes initiés dans ses secrets. Ils présentaient l'*omnium* anglais comme sa plus sublime conception. Les hommes un peu avisés, qui y regardèrent de plus près, n'y virent, comme on n'y voit aujourd'hui, qu'une manière de déguiser le véritable taux des emprunts.

C'est ainsi que les fondateurs de l'amortissement ont appelé *la force de l'intérêt composé* (dénomination qui avait quelque chose de scientifique et de mystérieux), le simple effet de l'ap-

3

plication à de nouveaux rachats, des rentes successivement rachetées, dont le produit accroît progressivement la dotation primitive.

De même, le *crédit* n'est autre chose que la facilité, qu'une confiance méritée donne aux gouvernemens comme aux particuliers, d'obtenir, aux meilleures conditions possibles, soit l'argent, soit les services qui leur sont nécessaires. S'il s'agit d'argent, moins les combinaisons de l'emprunt sont compliquées, plus, dans un pays comme le nôtre, il convient aux prêteurs, et je suis toujours persuadé que la simplicité du système adopté en 1817 faisait son principal mérite.

On a vu que la loi qui régit aujourd'hui notre dette, avait modifié l'action de l'amortissement en prescrivant qu'elle ne pourrait à l'avenir s'exercer sur des fonds *au-dessus du pair*.

Cette disposition avait été indiquée dans la discussion du projet de loi de 1824, et avait été motivée par la considération que le maintien du système suivi jusque-là, augmenterait sans mesure, *au grand préjudice des contribuables*, la dépense de notre amortissement. On avait été même, dans un écrit particulier,

jusqu'à établir que *si les rachats devaient con-
tinuer de se faire au cours illimité de la Bourse,
il était vraisemblable qu'elle n'achèterait pas
la moitié des 140 millions que le gouvernement
voulait rembourser, au-dessous du taux moyen
de 125 , et qu'à l'époque à laquelle on aurait
retiré, à ce prix, 70 millions de rente, les 70
autres seraient au cours de* 200.

Ce calcul avait été présenté par un ancien
administrateur dont je fais profession d'ho-
norer le talent, les connaissances et la bonne
foi, et ce n'est qu'avec une extrême défiance
de moi-même que je puis mettre mon opinion
en opposition avec la sienne; mais jusqu'à
preuve contraire, je ne puis m'empêcher de
craindre qu'il ne se soit exagéré les effets
d'une action *continue* de l'amortissement sur
une rente de 5 fr., dont le cours serait déjà au-
delà de 100 (base consentie pour le *remboursement*).

S'il est vrai que les denrées de toute espèce
se portent naturellement, avec plus d'abon-
dance, sur le marché, lorsqu'elles s'y vendent
à meilleur prix, on peut raisonnablement pen-
ser qu'une nouvelle hausse *prononcée du*

cours devrait déterminer un plus ou moins grand nombre de propriétaires de la rente à en profiter pour réaliser des bénéfices ; que la concurrence des vendeurs aurait bientôt pour résultat de modérer le taux des rachats, et qu'ainsi le champ des débats entre les capitalistes et la caisse d'amortissement, pourrait se circonscrire, au moins pendant long-temps, dans le cercle du cours actuel de 105, à celui de 110 à 120, et qu'il parviendrait difficilement à arriver à celui de 125, et surtout à le dépasser ; chaque mouvement *marqué* de hausse devant augmenter le nombre des vendeurs et donner aux rachats d'autant moins de défaveur.

Ce n'est pas que je me refuse à reconnaître que le retour à l'exécution fidèle de nos engagemens devrait favoriser sensiblement l'élévation du cours de la rente de 5 francs ; mais l'influence de cette élévation même, sur la baisse successive du *taux de l'intérét*, produirait des avantages généraux qui ne laisseraient pas sans dédommagement les sacrifices plus grands que l'amortissement devrait occasioner. Eh ! qu'un grand besoin vînt à se manifester!... avec quelle faveur le gouvernement ne parviendrait-il pas à se procurer les capitaux qui lui deviendraient nécessaires, lorsque la fidélité au système consacré par la loi primitive, et sa simplicité même, auraient dû fixer au plus haut degré la confiance des capitalistes de l'Europe entière.

Supposons, par exemple, que la rente fût parvenue même à ce cours de 125 que l'on craindrait si fort de la voir atteindre, le gouvernement serait en mesure d'obtenir, pour chaque rente de 5 francs qu'il concéderait, un capital proportionné au cours élevé de la place, et emprunterait, sans aucune difficulté, sur le pied de 4 pour 100 environ, auquel le taux de l'intérêt se trouverait déjà généralement réduit par l'effet du cours des fonds publics.

Car, il faut bien remarquer que le *cours élevé* de ces fonds, force, en définitive, *la baisse générale de l'intérêt*, au niveau de celui qu'obtient un *placement en rente;* tandis qu'une *réduction de la rente elle-même* ne pourrait qu'en faire baisser le cours, à raison de l'atteinte qu'elle porterait à la confiance, et par suite, *élever l'intérét de l'argent* dans la proportion de l'avantage que recevraient les capitaux employés *sur la place*.

On semble croire que l'amortissement a été créé pour ne *racheter la rente de 5 fr. qu'avec profit* ou sans perte, comparativement à la somme qu'il faudrait employer à son *remboursement au pair du capital que l'on jugerait à propos de lui assigner ultérieurement;* ce qui eût été bien peu d'accord avec l'intention de fonder un *système de crédit;* aussi n'en est-il point ainsi. La mission de l'amortissement était de *libérer l'État*, n'importe à quel prix; mais toujours avec avantage pour la chose publique, soit que, rachetant à un cours *élevé, la baisse de l'intérét* en résultât, soit que les rachats, s'effectuant *à des prix plus modérés*, il se saisît d'une partie plus forte des rentes à éteindre, et qu'il diminuât ainsi la dépense qu'il devrait définitivement occasioner.

Pour fixer ses idées sur la question de savoir lequel peut être préférable (dans l'intérêt de *l'avenir*, dont les besoins, sans pouvoir être appréciés, doivent du moins être prévus), ou de rendre l'amortissement stationnaire en présence de la rente de 5 francs portée au-delà de 100 fr., ou bien de le laisser agir *sans limite*, il convient de se rendre compte des résultats naturels de l'une et de l'autre détermination.

Dans la première hypothèse, le cours de la rente de 5 francs ayant aujourd'hui *dépassé* 100 fr., et s'étant maintenu, depuis assez long-temps, à cette hauteur, malgré la menace d'un remboursement, à la vérité peu probable, mais ce qui est plus sérieux, malgré *l'abandon de l'amortissement ;* il est évident, comme je l'ai déjà dit, qu'à moins *d'un discrédit soutenu*, dont rien ne semble autoriser la supposition, l'État restera *à perpétuité* débiteur *du même capital* et de la même *somme de rente* à payer chaque année.

Dans la deuxième supposition, en fixant hypothétiquement la durée de la génération présente à trente ans, à l'expiration de ce terme, la caisse d'amortissement aurait ressaisi une partie importante du capital, et donné même la possibilité de faire cesser, au profit des contribuables, le paiement de telle portion des rentes successivement accumulées, dont l'emploi ne serait plus jugé nécessaire pour amortir, dans un intervalle convenable, ce qui en resterait encore à éteindre.

Le fardeau légué à la génération suivante serait donc diminué du capital, de tout ce qui aurait été racheté dans l'intervalle de trente ans : il pourrait même l'être également d'une partie plus ou moins considérable de la rente.

Présenterait-on comme une compensation pour *l'avenir*, l'avantage de se trouver (*par l'effet de l'action exclusive de l'amortissement sur le 3 pour cent, constitué avec augmentation du capital*), déchargé d'un capital supérieur à celui qui aurait pu être amorti, pendant le même intervalle, par le rachat de rentes de 5 fr. ? Un tel calcul serait tout-à-fait étranger à la question, puisqu'il n'en resterait pas moins vrai que l'Etat se trouverait toujours débiteur de la même quantité de rentes de 5 fr. qu'il doit aujourd'hui et qu'à moins d'un changement de système, il ne pourrait être libéré de la moindre partie de cette dette, à aucune époque.

Peut-il convenir de placer *l'avenir* de la France dans une situation qui serait précisément celle à laquelle un pays voisin a été amené, en faussant le système qui avait contribué, pendant long-temps, à sa puissance et à sa prospérité ?

Objectera-t-on les grands profits que le rachat de nos rentes à un cours élevé, livrerait aux capitalistes étrangers propriétaires d'une partie de nos fonds publics !... Mais ne sait-on pas que le soleil de la France est pour elle une seconde Providence ? Que, d'un côté, la douceur de son climat, la fertilité de son sol, la modération qui en résulte dans le prix de ses denrées, comparé à ce qu'il est ailleurs ; de l'autre, les mœurs faciles de ses habitans, ainsi que les moyens d'instruction ou d'amusement qu'offrent aux gens aisés ses grandes villes et particulièrement sa capitale, attirent habituellement chez elle une foule d'étrangers dont les consommations font entrer, chaque année, une somme très-considérable de numéraire extrait des autres pays de l'Europe, indépendamment de celui que nous amènent les mouvemens ordinaires du commerce ? Que l'on calcule seulement ce qu'a dû nous valoir, depuis quatorze ans, la présence de plus de cinquante mille familles venues de l'étranger, et l'on verra si tout ce qu'ont pu nous coûter deux invasions successives, ne nous a pas été rendu , depuis , avec usure.

On doit, d'ailleurs , considérer que les profits des rachats ne seraient pas exclusivement abandonnés aux étrangers ; qu'ils seraient naturellement partagés par les capitalistes français que l'élévation du cours appellerait *sur la place* , et que le principal acheteur serait , en général , la caisse d'amortissement dont les opérations se réduiraient nécessairement à la somme qu'elle pourrait y consacrer journellement. Ce ne serait par conséquent que par fractions peu sensibles et dans un temps prolongé , que se réaliserait la partie des profits qui pourrait appartenir aux étrangers.

Il faut toutefois reconnaître que , sous le rapport de la *libération* de l'Etat , la puissance de l'amortissement a une limite qu'il ne lui est pas donné de dépasser. Il ne peut agir que sur les rentes *qui se présentent d'elles-mêmes* sur *la place* , et plus elles prendraient de faveur par la *fixité* qui leur serait assurée , plus les familles accoutumées à vivre de ce genre de revenu , seraient disposées à les conserver ;

un paiement ponctuel, à époque fixe, leur of-
frant un avantage propre à balancer, en partie,
l'inconvénient de la détérioration que la rente
éprouve, avec le temps, par le renchérisse-
ment progressif des nécessités de la vie. Cette
considération ne permet pas sans doute d'a-
percevoir précisément le terme des opérations de l'agent destiné à éteindre la dette,
dont une portion quelconque peut d'ailleurs
être jugée utile à conserver toujours, par des
motifs qui n'ont pas besoin d'être rappelés :
il paraît seulement certain que tout ce qui de-
vra s'en éteindre, ne peut l'être *par aucun autre
procédé* que celui d'un amortissement *illimité*.

Que ce système ait l'inconvénient d'augmenter la charge des emprunts, en mettant
l'Etat dans le cas de rendre, en définitive, *plus
qu'il n'a reçu ;* c'est ce que l'on ne peut con-
tester ; mais cet inconvénient doit être mis en
balance avec l'avantage qu'il donne d'échapper à ceux qu'un remboursement *obligé*, à des
époques déterminées, lui a toujours occa-
sionés, et dont il importe si fort de prévenir
le retour.

Peut-être dans un pays où, comme dans le

nôtre , les malheurs des temps antérieurs auraient donné aux opérations de l'amortissement un développement très-étendu , ne trou-
verait-on pas tout-à-fait déraisonnable de
faire entrer pour quelque chose , dans le
compte , sinon *des avantages* proprement
dits , du moins des *compensations* de ce système , un de ses effets qui semble être resté
entièrement inaperçu; celui de produire occa-
sionellement , par les rentes qu'il accumule ,
un genre de thésaurisation supérieure , du
moins , à celle en *numéraire effectif*, à laquelle se livraient , dans leur enfance , les
gouvernemens prévoyans , pour ne pas se
trouver au dépourvu dans le moment du besoin ? Cet effet résulte de la faculté dont j'ai
parlé plus haut , laissée au gouvernement
de proposer , toutes les fois qu'il le jugerait
convenable , *l'annulation* d'une partie des
rentes rachetées par la caisse chargée de ce
service. Les 37 millions de rentes , par exemple , dont elle est actuellement en possession
dans le fonds de 5 fr. de rente, offriraient ainsi
le moyen d'obtenir plusieurs centaines de millions, *sans accroître la dépense actuelle du*

Trésor qui aurait seulement à payer aux nouveaux créanciers, les arrérages qu'il paie aujourd'hui à la caisse d'amortissement et qu'elle cesserait de percevoir ; mais une semblable opération, qui affaiblirait l'action de l'amortissement sur la dette existante, dans la proportion du montant des rentes annulées, devrait toujours être réservée pour le cas extrême où la situation de l'Etat se trouverait telle que ses revenus ne présenteraient plus un excédant suffisant pour asseoir l'amortissement et le paiement des arrérages des nouveaux emprunts qui deviendraient nécessaires; ou bien pour celui où il faudrait compenser, pour le Trésor royal, la perte qu'il devrait éprouver, dans ses recettes, par l'effet des modifications que le tarif des droits d'enregistrement aurait reçues, au profit des contribuables dont les charges actuelles se trouveraient d'autant réduites par un procédé qui ne blesserait aucun principe, et ne pourrait coûter aucuns regrets.

Ce serait au surplus tirer, de ce qu'on vient de dire, une fausse conséquence, que de s'en autoriser pour prétendre qu'un gouvernement puisse entrer, avec indifférence, dans la carrière des emprunts. On sait que cet expédient, quoique le plus souvent utile aux particuliers, n'est généralement qu'un mal pour les peuples, parce qu'il crée, pour un long temps, de nouvelles charges pour le paiement de la rente et pour le remboursement du capital, de quelque façon qu'il doive s'opérer. Il ne peut donc se justifier que par l'impossibilité reconnue de demander *à l'impôt* le secours devenu indispensable pour des besoins extraordinaires ; et ce n'est pas sous un gouvernement tel que le nôtre, qu'il serait permis de craindre que l'on pût s'écarter, sous aucun prétexte, de ce principe conservateur de la fortune publique et des fortunes particulières.

CONCLUSION.

Ce n'est point par un motif frivole, ni dans l'intention de blesser personne, que je me suis déterminé à hasarder mon sentiment sur une question de finances, dont la discussion inoffensive, sans qu'elle pût faire aucun mal, m'a paru (si les principes que j'avais autrefois partagés avec des hommes dont je reconnais volontiers la supériorité , obtenaient un nouvel accueil) pouvoir conduire à rentrer, dans la ligne que je crois , à tort ou à raison, celle du *crédit*, en restituant, *sans limite pour le cours* , aux deux parties de la dette connues sous les dénominations de 5 et 4 et demi pour cent (et qui seraient plus exactement désignées sous celles de *rentes de 5 fr.* et *de 4 fr.* 50 c.), leur portion afférente dans le fonds général d'amortissement dont le surplus continuerait d'être appliqué à l'extinction des 3 pour cent nouvellement créés. Les propriétaires de ces fonds divers se trouveraient également favorisés par l'élévation *du cours*, sans se causer réciproquement aucun préjudice et l'inconvénient d'une libération définitive moins prompte et plus dispendieuse par l'effet de la faveur dont jouirait la partie principale de nos fonds publics, serait , comme je l'ai dit plus haut, compensé par les avantages que produit toujours l'intérêt modéré de l'argent, soit dans les opérations du gouvernement, soit dans toutes celles qui constituent la richesse publique.

Toutefois, je suis loin de prétendre que mon

opinion doive prévaloir sur celles qui lui sont opposées. Si le jugement qui en sera porté ne lui est pas favorable, je me féliciterai qu'un système qui serait reconnu plus utile au bien de mon pays, soit substitué à celui que j'ai défendu, sinon avec le même talent, du moins avec la même bonne foi qu'y mettent certainement les hommes distingués qui le repoussent. L'amour-propre ne peut jouer aucun rôle dans la discussion d'aussi grands intérêts.

FIN.